LES JEUNES ENTREPRISES: CONSEILS ET ASTUCES DE RÉUSSITE

LES JEUNES ENTREPRISES

ENTREPRISES

CONSEILS ET ASTUCES DE RÉUSSITE

LES JEUNES ENTREPRISES: CONSEILS ET ASTUCES DE RÉUSSITE

CONTENU

Entrepreneuriat: une vision

Devenez entrepreneur

Utilisez votre avantage jeunesse

Réflexion stratégique pour les jeunes entrepreneurs

Créez un plan marketing réussi pour les petites entreprises en 7 étapes faciles

Les principaux facteurs d'un démarrage réussi

Des idées pour l'avenir

Promotion

Efficacité opérationnelle

Erreurs dans la création d'entreprises

Que produire?

Comment produire?

Combien devez-vous produire?

LES JEUNES ENTREPRISES: CONSEILS ET ASTUCES DE RÉUSSITE

Mythes sur l'entrepreneuriat

L'éthique dans les affaires

Conseils de communication pour la gestion d'entreprise

Gestion du temps pour les propriétaires d'entreprise

Attributs de leadership pour la réussite commerciale

Calculez vos coûts de départ

Obtenir des fonds d'investissement pour votre entreprise

Marquez votre entreprise

Entrepreneuriat: une vision

Jusqu'à présent, vous avez lu certaines des caractéristiques de l'esprit d'entreprise. "La pratique rend parfait" est la devise de tout dans la vie et surtout si vous êtes propriétaire d'une entreprise. Les connaissances contenues dans les livres peuvent beaucoup vous aider à éviter les erreurs, mais rien ne vaut l'expérience pratique qui permet de voir ce qui fonctionne pour vous.

Vous avez la bonne passion, le bon format d'entreprise et toutes les bonnes compétences. Mais avant de faire le saut de la foi, assurez-vous d'être préparé à d'autres choses également.

LES JEUNES ENTREPRISES: CONSEILS ET ASTUCES DE RÉUSSITE

Dès le début de l'entreprise, il faut beaucoup de dévouement et de sacrifices pour qu'elle fonctionne bien. Cela signifie que la vie personnelle, jeune ou vieille, en prend un coup. La famille et les amis doivent apporter leur soutien, car ils doivent savoir ce qu'il faut pour créer une entreprise et ses effets sur la vie familiale. Beaucoup d'entre vous peuvent choisir d'avoir un emploi dès les premiers jours de la création d'une entreprise ; cela signifie que tout votre temps libre doit être consacré à la gestion de l'entreprise.

L'esprit d'entreprise aura une incidence sur votre santé. Être mince et méchant est bon pour les affaires, mais cela signifie souvent passer plus d'heures à faire ce pour quoi vous paieriez d'autres personnes. Par conséquent, pour survivre à ces 14 heures et plus par jour, sept jours sur sept, vous devez être au sommet de votre forme physique et mentale. Une bonne alimentation et un programme d'exercice régulier sont les garants de votre santé. Il est difficile d'avoir du succès dans un lit d'hôpital.

Connaissez vos points forts dans l'entreprise et engagez d'autres personnes pour faire les autres tâches. De nombreux propriétaires pensent qu'ils devraient être bons à tout faire. Ce n'est probablement pas le cas. Bien qu'il soit parfois avantageux de connaître tous les aspects de l'entreprise. Juste au cas où quelqu'un tomberait malade. D'un point de vue commercial, avoir une équipe dont vous êtes le maillon faible n'est pas mauvais.

En plus de connaître vos points forts, vous devez également connaître vos zones de confort.

Êtes-vous à l'aise pour être le patron et avoir des employés plus âgés que vous?

Comment gérer les multiples personnalités que possèdent vos employés?

Gérer l'argent et prendre des décisions financières? S'endetter d'abord pour démarrer l'entreprise avant de voir les bénéfices?

Partir quelques années avant de voir suffisamment de bénéfices pour vous assurer un salaire régulier?

Ce ne sont là que quelques éléments à garder à l'esprit et à prévoir un ou deux plans de secours au cas où vous les rencontreriez en cours de route.

Devenez entrepreneur

Pour devenir un entrepreneur à succès, il faut de bonnes idées, un peu de chance, de l'argent et beaucoup de travail. 90% des personnes qui réussissent échouent, ce qui signifie que pour gagner quelque chose (bénéfices, capitaux propres, etc.), il faut d'abord perdre quelque chose (votre investissement initial). Phat-farm est une entreprise de plusieurs millions de dollars dont le propriétaire, Russell Simmons, a perdu 10 millions de dollars au cours des cinq premières années.

Il ne faut pas beaucoup d'expérience et de ressources, mais pour devenir un entrepreneur à succès, il faut de la passion et de la persévérance.

Transformer des idées quotidiennes en affaires, voilà ce qui rend un entrepreneur ordinaire extraordinaire. C'est ce talent ou ce don qui les rend uniques. La plupart commencent avec des ressources très limitées et devancent leurs concurrents par un effort personnel. Il faut agir rapidement et prendre de bonnes décisions pour gagner des parts de marché et progresser dans le cas de gros concurrents.

Ils diffèrent par l'âge, le sexe et la race, mais il est facile de reconnaître un entrepreneur et son entreprise. Ils peuvent être enrichis par leurs idées, mais le point de départ est de rechercher les domaines qui ne sont pas abordés et de changer la façon dont les choses sont faites. Une bonne idée n'est pas la même chose qu'une opportunité idéale. Comprendre la distinction vous permettra d'économiser du temps, des efforts et de l'argent.

LES JEUNES ENTREPRISES: CONSEILS ET ASTUCES DE RÉUSSITE

L'entrepreneur crée une vision et pousse l'entreprise à travers des hauts et des bas vers la réalisation de cette vision. Devenir un entrepreneur est à la fois effrayant, excitant, inquiétant et pourtant une expérience passionnante. Mais avant d'en devenir un, vous devez d'abord comprendre le concept d'entrepreneuriat. Il existe de nombreux types d'entrepreneurs, tels que les entrepreneurs sociaux, à domicile, virtuels, traditionnels, etc.

La définition largement acceptée de l'esprit d'entreprise serait de créer une nouvelle organisation ou de reprendre une ancienne pour répondre à certaines opportunités identifiées. Vous devez être conscient qu'une grande partie des nouvelles entreprises échouent. Les personnes qui réussissent le mieux sont celles qui n'ont pas peur d'expérimenter, d'apprendre de leurs erreurs passées et de rectifier pour réussir.

LES JEUNES ENTREPRISES: CONSEILS ET ASTUCES DE RÉUSSITE

La différence entre un entrepreneur et un propriétaire de petite entreprise réside dans le processus ou la méthode que vous souhaitez insuffler à l'expansion de votre entreprise. Les propriétaires de petites entreprises aimeraient que leur entreprise soit telle qu'elle est : petite et géographiquement limitée, ne gagnant que quelques millions au cours de sa vie.

Les entreprises cherchent à gagner des millions au cours des 3 à 5 premières années et à se développer à l'international en utilisant toutes les opportunités. D'autres caractéristiques seraient la concentration, l'inclination à l'innovation et la création de nouvelles valeurs pour ébranler le marché. Aux États-Unis, les petites entreprises fournissent le plus grand nombre d'emplois, tandis que les entrepreneurs fournissent la majeure partie de la main-d'œuvre.

LES JEUNES ENTREPRISES: CONSEILS ET ASTUCES DE RÉUSSITE

Utilisez votre avantage jeunesse

Tu n'es qu'un enfant maintenant, concentre-toi sur tes études. Pour les affaires, il faut de l'expérience. Blah blah blah... Les gens auront de nombreuses raisons de ne pas créer une entreprise, tout cela pour de bonnes intentions.

Mais avant d'avaler tout cela, pensez un instant à Bill Gates qui a quitté Harvard pour fonder Microsoft, à Michael Dell qui a quitté l'université du Texas pour fonder Dell, à Milton Hershey qui a ouvert sa première confiserie à 18 ans, à Fred Smith qui, alors qu'il fréquentait Yale, a reçu un "C" sur son plan d'affaires Fedex et a décidé de démarrer son entreprise quand même, Steve Jobs qui a

LES JEUNES ENTREPRISES: CONSEILS ET ASTUCES DE RÉUSSITE

quitté l'université Reed pour créer Apple, William Hewlett et David Packard qui ont lancé HP à partir d'un garage après avoir obtenu leur diplôme de Stanford ou les milliers de jeunes qui ont créé une entreprise et ont réussi.

Que se serait-il passé s'ils avaient été convaincus de ces arguments peu convaincants et appuyés par leur plan d'entreprise? Nous devrons vivre sans un Dell, un Microsoft, un HP, un Hersheys, un Fedex ou un Apple...oh ! Horreur!!

La meilleure façon de faire pencher la carte en votre faveur

Les adultes attendent moins des jeunes et vous pouvez en tirer profit. Ce n'est pas grave si vous n'êtes pas parfaitement poli. Il faudra moins d'efforts pour satisfaire les clients et se faire un nom dans les médias.

Il y a peu de concurrence de la part des autres étudiants, ce qui rend votre histoire plus digne de la presse, des bourses, de la concurrence, des clients et des prix.

Il existe de nombreuses organisations à but non lucratif et de nombreux individus qui soutiennent les efforts des jeunes. Le premier sur cette liste est votre école, qui a probablement des enseignants qui ont des contacts dans le monde des affaires qui peuvent vous aider.

Les étudiants ont souvent des revenus provenant de leurs parents. Même si ce n'est pas cohérent, c'est quelque chose que vous savez que vous pouvez toujours chercher. Si votre entreprise échoue quand vous êtes jeune, vous ne mourrez certainement pas de faim ou ne perdrez pas votre maison.

LES JEUNES ENTREPRISES: CONSEILS ET ASTUCES DE RÉUSSITE

Les connaissances pratiques que vous acquérez en gérant votre entreprise peuvent vous aider dans votre travail universitaire et vice versa. Certaines écoles vous permettront d'obtenir des crédits universitaires grâce à des études indépendantes de votre entreprise. Vous pouvez également baser vos projets de classe sur votre entreprise.

Les jeunes ont une nouvelle perspective sur le monde. Cette perspective leur permet de voir de nombreuses opportunités qui n'ont pas été exploitées jusqu'à présent. Les fondateurs de Microsoft, Dell, HP, Hersheys, Apple et Forex se portent garants de vous.

Réflexion stratégique pour les jeunes entrepreneurs

La réflexion stratégique est à la fois une science et une forme d'art. Il faut utiliser les côtés droit et gauche de son cerveau pour vraiment se démarquer, et cela demande de la confiance et de la pratique.

Voici quelques-unes des compétences que les grands stratèges possèdent et utilisent au quotidien

Ils voient de grandes choses et utilisent ensuite la pensée stratégique pour les réaliser. Ces deux compétences leur permettent d'envisager un avenir souhaitable et d'élaborer une stratégie qui se concentre sur les détails et la vue d'ensemble afin de le créer.

Prenez congé du travail quotidien d'un emploi de 9 à 5 ans. Tous les grands stratèges font cela. Il suffit d'aller dans un endroit tranquille - de préférence un lieu de retraite le week-end, mais sinon un jour ou même un après-midi de congé - et de s'asseoir avec son chapeau pour réfléchir. Essayez-le.

La réflexion stratégique, comme son nom l'indique, ne consiste pas à gagner de l'argent rapidement, mais à avoir une vue d'ensemble et à planifier les prochaines années. Les résultats immédiats ne sont peut-être pas impressionnants, mais à long terme, la réflexion stratégique est payante. L'une des raisons de ce résultat immédiat peu impressionnant est que les stratégies, comme les chefs-d'œuvre, prennent du temps à créer, à affiner et à réviser.

LES JEUNES ENTREPRISES: CONSEILS ET ASTUCES DE RÉUSSITE

Tous les vrais stratèges sont pleinement conscients de tout ce qui se passe autour d'eux. Dans toutes les affaires commerciales, il existe des indices, subtils ou non, qui alertent ceux qui les remarquent sur les directions possibles dans lesquelles les préoccupations peuvent être prises. À mesure que les grands stratèges absorbent ces informations, cela les aide à mieux formuler leurs plans lorsque l'inspiration leur vient, que ce soit en vacances, lors d'une promenade matinale ou juste après la première tasse d'espresso. Leur capacité à détecter et à créer des liens les maintient en bonne position.

Assurez-vous que votre grande idée n'est pas une chimère. Tous les grands penseurs doivent s'assurer que leur idée est valable, qu'elle est soutenue dans un monde plein de problèmes et de changements. Vous devez constamment revoir et affiner vos plans.

LES JEUNES ENTREPRISES: CONSEILS ET ASTUCES DE RÉUSSITE

Utilisez les expériences que vous avez vécues pour vous aider à mieux planifier. Si un raccourci a déjà fonctionné et vous a permis d'économiser beaucoup de temps et d'efforts, n'hésitez pas à l'adapter à un nouveau plan.

Ne dépendez pas seulement de vous, même si vous pensez et/ou savez que c'est bon. Faites appel à des collègues de confiance pour faire rebondir vos idées. Dans le cas de la réflexion stratégique, "deux têtes valent mieux qu'une" est un adage plus vrai que "trop de cuisiniers gâchent le bouillon".

 LES JEUNES ENTREPRISES: CONSEILS ET ASTUCES DE RÉUSSITE

Créez un plan marketing réussi pour les petites entreprises en 7 étapes faciles

Avant de créer une petite entreprise, il faut d'abord comprendre les besoins du marché cible et ensuite essayer de fournir une solution appropriée.

Ces 7 étapes doivent être utilisées par les entrepreneurs qui veulent créer une nouvelle entreprise ou élaborer un plan de marketing pour une installation existante qui a du succès. La plupart des gens parlent de la grandeur de leurs produits ou services. Vous devriez plutôt éduquer régulièrement le marché cible et établir une relation de confiance et de crédibilité.

"Penser marketing" est l'état d'esprit à développer pour vos produits et services. Il faut vendre constamment. Ne vous laissez pas tromper par le marketing "stop and go". Certains propriétaires de petites entreprises ne commencent à commercialiser leurs produits que pendant les basses saisons.

Avoir un plan de marketing réussi est essentiel à l'esprit d'entreprise. Les bénéfices et la croissance sont directement proportionnels à une commercialisation efficace.

Si vous réfléchissez à la manière de commencer, ce guide en sept étapes vous aidera à comprendre le marché et l'entreprise.

Répondons aux questions suivantes:

LES JEUNES ENTREPRISES: CONSEILS ET ASTUCES DE RÉUSSITE

1. Quel est votre marché cible? Quel est votre client idéal? Quelles sont les recherches à effectuer pour en savoir plus sur votre marché cible?

2. Que veut votre client idéal? que lui apportent vos produits et services ? quels problèmes de votre client sont résolus par votre produit? de quelles solutions votre client a-t-il besoin? quelle est votre USP qui la rend unique? quelles sont les tendances du secteur? qu'est-ce qui fera réagir votre client? que vendez-vous? (Par exemple : vendez-vous des lunettes ou des lunettes de vision?) Quelle est votre marque de produits et de services ? Quel en serait le prix?

3. Où se trouve votre client idéal? Géographiquement, où sont-ils situés? Où vous positionnerez-vous pour les atteindre facilement? Où obtiendront-ils vos messages marketing? Passerez-vous en revue vos conversations personnelles, organiserez-vous

des séminaires ou rédigerez-vous un blog, une lettre d'information ou un article?

4. Quand... À quelle fréquence vos messages de marketing seront-ils diffusés? Quand vos clients sont-ils le plus susceptibles d'acheter ?

5. Pourquoi... Pourquoi êtes-vous en affaires? Pourquoi les clients viennent-ils chez vous? Pourquoi ne devraient-ils pas aller chez vos concurrents et choisir vos produits ?

6. comment... comment votre client achète-t-il? comment allez-vous atteindre les clients potentiels? comment allez-vous communiquer vos stratégies de marketing? comment allez-vous fournir des informations à vos clients afin qu'ils prennent la décision d'acheter?

7. Esprit marketing - Essayez de maîtriser un esprit marketing et votre petite entreprise s'orientera vers les profits et le succès.

Les principaux facteurs d'un démarrage réussi

La création d'une entreprise implique des changements importants dans la vie de l'entrepreneur :

1) La liberté financière permanente.

2) La flexibilité des horaires.

3) La satisfaction de faire sa vie - qu'il s'agisse de faire évoluer l'entreprise vers une structure géante ou simplement de continuer à faire ce que l'on aime faire et à gagner sa vie.

LES JEUNES ENTREPRISES: CONSEILS ET ASTUCES DE RÉUSSITE

Outre l'enthousiasme suscité par les nouvelles entreprises, le défi consiste à porter trop de chapeaux : planification stratégique, marketing, ventes, production, service à la clientèle, comptabilité et financement. Même si l'entreprise est petite, les tâches sont énormes.

Quel que soit le domaine, les principaux facteurs de réussite d'une entreprise restent les mêmes.

1) Une bonne idée.

2) Un plan de marketing efficace et pas trop coûteux.

3) Un fonctionnement efficace.

Des idées pour l'avenir

La bonne idée commerciale est cruciale pour le succès de l'entreprise. Tout d'abord, vous devez être passionné par votre domaine de travail. Deuxièmement, vous devez posséder suffisamment de connaissances, de talent et d'expérience pour aller de l'avant. Enfin, choisissez une entreprise qui produit un petit revenu stable sans grands investissements. Cela vous permettra éventuellement de subvenir à vos besoins et à ceux de votre famille. Voici quelques idées qui peuvent être envisagées: rédaction en freelance, marketing en ligne, conception de sites web, comptabilité, etc.

 LES JEUNES ENTREPRISES: CONSEILS ET ASTUCES DE RÉUSSITE

Promotion

L'outil de base pour la commercialisation de vos produits et services serait la distribution de cartes de visite. Vous pouvez concevoir la carte vous-même en utilisant différents modèles de cartes de visite, mais il serait plus sage de dépenser un peu d'argent et de laisser un professionnel le faire. Pour 20 $ seulement, vous obtenez 500 cartes.

Les cartes de couleur sont un peu plus chères. L'étape suivante consiste à créer un site web qui permet aux prospects de consulter les informations 24 heures sur 24, 365 jours par an. Le coût annuel de la maintenance du site web s'élève à environ 50 dollars. Avec 80 dollars de plus, vous aurez deux sites web simples. Si vos prospects sur Internet ont l'air bien, alors dépensez 50 dollars pour de la publicité en ligne payante au clic (PPC). 50 dollars de PPC vous apporteront plus de clients et généreront également des revenus.

Efficacité opérationnelle

La gestion de l'entreprise (marketing, ventes, production, etc.) occupe tout le temps des propriétaires de petites entreprises. Ils n'ont pas le temps (ou les connaissances) de planifier l'expansion de l'entreprise. Le résultat est qu'elles restent une petite entreprise ou qu'elles disparaissent si le marché connaît un changement radical.

L'efficacité opérationnelle est encore plus nécessaire dans les petites entreprises que dans les exploitations agricoles établies.

Quelques méthodes pour améliorer l'efficacité opérationnelle:

1) rationaliser les processus d'entreprise.

2) utiliser des logiciels de productivité.

3) l'externalisation et les autres services.

Il faudrait par exemple engager un comptable pour les déclarations d'impôts et la comptabilité, une agence de recouvrement pour le recouvrement des créances, etc. Prenez toujours le temps de développer votre entreprise.

LES JEUNES ENTREPRISES: CONSEILS ET ASTUCES DE RÉUSSITE

Erreurs dans la création d'entreprises

Une économie est principalement composée de producteurs et de consommateurs, qui se livrent à ce que l'on appelle des transactions. Une transaction économique serait le transfert de biens et de services des producteurs aux consommateurs en échange d'argent.

La création de biens implique plusieurs activités. Ces activités peuvent être connues collectivement sous le nom d'entreprise ou de société. La création d'une entreprise n'est ni facile ni rapide. Voici quelques éléments essentiels nécessaires pour faire de même.

 LES JEUNES ENTREPRISES: CONSEILS ET ASTUCES DE RÉUSSITE

Que produire?

Une économie est constituée de nombreux biens. Le producteur doit donc décider lequel d'entre eux doit produire. La recherche de l'autofinancement ne peut être le seul critère. Les ressources sont rares et doivent être utilisées de manière optimale et pour le bien-être de la société.

Comment produire?

Il peut y avoir de nombreuses méthodes pour produire une marchandise. Le producteur doit donc opter pour un processus qui exploite pleinement les ressources à un coût minimum.

Combien devez-vous produire?

Une offre excédentaire fera baisser le prix et les producteurs subiront finalement une perte. Il faut donc produire pour répondre à la demande du marché.

- Capital

Pour créer une entreprise, il faut disposer d'un pouvoir d'investissement suffisant. Si un producteur ne dispose pas du capital nécessaire, il peut obtenir des prêts auprès d'institutions financières ou s'associer à d'autres investisseurs pour obtenir un soutien à l'investissement collectif.

 LES JEUNES ENTREPRISES: CONSEILS ET ASTUCES DE RÉUSSITE

- Étude de marché

Il ne suffit pas d'avoir de l'argent pour créer une entreprise. Il faut comprendre le mode de consommation du marché. Même si le produit a une forte probabilité d'être vendu, il doit être commercialisé de manière à attirer l'attention de l'acheteur. Sinon, les consommateurs risquent de ne pas connaître tous les détails du produit.

- Échelle de production

Normalement, une entreprise ne peut pas atteindre le niveau de production optimal à court terme. Cela est dû à des intrants de production fixes qui ne peuvent pas être modifiés en fonction des besoins. Ces intrants entraînent des coûts fixes qui réduisent le revenu du producteur. Toutefois, avec le temps, lorsque l'entreprise atteint une taille considérable, ces intrants fixes disparaissent et seuls les intrants variables subsistent, c'est-à-dire que le producteur est confronté à un coût variable.

- Délégation d'activités

Aucune entreprise ne peut être soutenue sur la base d'un seul spectacle. Il y a trop d'activités en jeu. Il est donc moins coûteux, plus efficace et nécessaire de déléguer des fonctions à des personnes spécialisées dans ces domaines.

Par conséquent, la violation de l'une des lignes directrices ci-dessus est une erreur dont l'entreprise souffre.

 LES JEUNES ENTREPRISES: CONSEILS ET ASTUCES DE RÉUSSITE

Mythes sur l'entrepreneuriat

Il existe de nombreux mythes sur l'entrepreneuriat, la plupart ayant été créés par les médias. Si certains sont vrais, d'autres sont clairement faux. Voici les cinq mythes les plus importants :

Mythe 1: Les entrepreneurs veulent de l'argent. Point final.

Beaucoup de gens pensent que les entrepreneurs ne sont là que pour l'argent. C'est vrai dans une certaine mesure : la peur de la pauvreté, ou simplement l'insécurité financière, pourrait bien pousser n'importe qui à aller plus loin, et il y a ceux qui le font pour l'argent, mais pour la plupart des gens, l'argent n'est pas le tout et le tout.

De nombreux entrepreneurs ont pour principale motivation l'ego et/ou l'émotion, beaucoup n'entretiennent pas le style de vie luxueux qu'on attend d'eux et la plupart considèrent l'argent comme un moyen de compter les points.

Mythe 2: Mon gain, votre perte.

On dit souvent que le succès en affaires se fait aux dépens de quelqu'un d'autre. Ce qu'ils veulent évidemment dire, c'est que si un entrepreneur gagne, c'est que quelqu'un quelque part en a payé le prix. Cela donne l'impression qu'il doit y avoir un côté gagnant et un côté perdant à chaque entreprise. C'est ce que l'on appelle parfois le "jeu à somme nulle".

En réalité, les entrepreneurs sont des penseurs créatifs. Au lieu de jouer pour un résultat "à somme nulle", et contrairement à l'idée reçue, ils essaient souvent de trouver un compromis qui signifie que tout le monde quitte la table satisfait.

Mythe 3: Plus le risque est grand, plus la récompense est grande.

De nombreux jeunes entrepreneurs, ayant entendu cela, l'acceptent comme une vérité de l'Evangile.

La relation entre risque et récompense est compliquée et ne peut en aucun cas être réduite à une simple déclaration.

Les risques en affaires ne sont pas les mêmes que de sauter d'une falaise dans le noir : le savoir, l'expérience, la sagesse, le travail et la persévérance changent à la fois le "risque" et la "récompense".

Mythe 4: Les entrepreneurs s'enrichissent rapidement.

La montée des "millionnaires point-com" donne certainement l'impression que les entrepreneurs font de l'argent rapidement, mais vous devez vous rappeler que rien n'est aussi facile qu'il n'y paraît.

Vous pensez peut-être que les entrepreneurs s'enrichissent très rapidement, mais beaucoup de travail est nécessaire pour développer les idées/produits qui les rendent riches.

Mythe 5: Un bon plan d'entreprise est le chemin critique de l'entrepreneur vers le succès.

C'est plus vrai que la plupart des autres mythes, car il est peu probable qu'on vous accorde des prêts sans un plan d'affaires solide. Cependant, un prêt n'est en aucun cas équivalent à de l'argent bien placé.

Les plans d'entreprise sont des lignes directrices, oui, mais pour réussir, il faut beaucoup plus.

LES JEUNES ENTREPRISES: CONSEILS ET ASTUCES DE RÉUSSITE

L'éthique dans les affaires

"L'honnêteté est la meilleure politique", une phrase qui est valable non seulement dans la vie de tous les jours, mais aussi dans l'éthique des affaires.

L'éthique est très importante pour tous les entrepreneurs. Cependant, beaucoup négligent l'éthique en tant que concept important qui a un grand impact sur la réussite d'une personne en tant qu'entrepreneur et investisseur. Les affaires, après tout, impliquent de traiter de l'argent, qu'il soit détenu ou emprunté.

Il s'agit également d'établir des relations fructueuses, fondées sur l'argent, avec les clients et les consommateurs. Ces relations doivent être fondées sur la confiance, et il est impératif de disposer d'une base éthique pour établir la confiance. L'éthique est donc la pierre angulaire de la réussite des entreprises.

Il est important de réaliser que l'éthique est importante quelle que soit la taille de l'entreprise. Que votre entreprise soit grande ou petite, ou que vos clients soient nombreux ou peu nombreux, l'importance d'adhérer à des normes éthiques élevées est la même.

L'éthique dans les affaires est étroitement liée à la chaîne de valeur morale qui est tissée dans toutes vos opérations. La valeur morale affecte chaque client. Il ne peut y avoir aucune exception, que vos clients soient au nombre de 10 ou de 10 000 ou plus. L'éthique s'applique à chacun d'entre eux.

En tant que discipline, l'éthique des affaires peut être appliquée ou théorique. Ou, pour le dire autrement, il peut être pragmatique ou philosophique. Les premières se transforment généralement en "choses à faire et à ne pas faire" qui servent de guide au comportement éthique. Ces dernières études consistent à s'interroger sur le pourquoi et le comment de l'éthique des affaires. Il examine également la question de la définition de l'éthique.

Elle promeut des normes élevées, élabore un code et aide l'entrepreneur à évaluer lui-même ses propres normes éthiques. Cette norme, à son tour, aide l'entreprise à articuler les normes de comportement éthique de ses employés. Une entreprise honnête n'emploie que des professionnels honnêtes. Cela doit être clairement compris à l'avenir.

Dans la plupart des organisations commerciales prospères, des normes éthiques élevées sont obligatoires. Un employé qui corrompt quelqu'un, même dans l'intérêt de son employeur, est susceptible d'être licencié. De nombreuses multinationales refusent de faire des affaires dans des pays où les pots-de-vin sont couramment versés et acceptés. Ce sont des exemples de l'aspect appliqué de l'éthique des affaires.

Un dernier point... Il ne peut y avoir de compromis éthique sur certains facteurs, indépendamment des considérations de profits ou de pertes. Par exemple, une entreprise ne doit en aucun cas enfreindre les lois du pays dans lequel elle exerce ses activités, que cela lui plaise ou non.

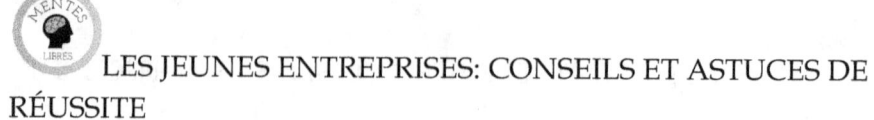 LES JEUNES ENTREPRISES: CONSEILS ET ASTUCES DE RÉUSSITE

Conseils de communication pour la gestion d'entreprise

Même si vous avez des idées brillantes, elles ne valent rien si vous ne les partagez pas. Par conséquent, il est tout aussi important de pouvoir communiquer efficacement que de pouvoir proposer de grandes idées. Cependant, tout le monde n'est pas doué pour la communication, et il faut de la pratique pour pouvoir le faire.

Supposons que, pour des raisons externes, vous deviez immédiatement doubler la production de l'entreprise. Mais vos managers ne peuvent pas faire le travail pour les employés, qui ne sont pas prêts à faire un effort supplémentaire pour l'entreprise. Il en résulte une perte d'argent et de réputation pour l'entreprise.

Quel est donc le problème? Ce n'est pas que les employés ne soient pas payés, ni qu'ils soient privés d'autres avantages. Le véritable problème est donc le manque de communication entre l'employeur et l'employé.

On oublie souvent que la communication interne fait partie intégrante de la stratégie de communication de l'entreprise. L'accent étant mis sur la communication externe, l'entreprise et vos responsables se font un plaisir de peindre des tableaux roses pour les clients. Cela conduit à un côté fort du marketing, sans doute, mais affaiblit plutôt la stratégie opérationnelle.

Un autre problème causé par une mauvaise communication et/ou un manque de communication est la croissance de la vigne négative. Ce canal de communication non officiel peut conduire à la désaffection, entraînant une baisse des profits.

Pour assurer la croissance, il est nécessaire de disposer de canaux de communication internes et externes. L'ensemble du système de communication doit être d'une seule pièce et d'un seul tenant. Il ne peut pas être autorisé à s'exprimer. Tout ce qui est communiqué, que ce soit aux clients ou aux employés, doit être soigneusement élaboré pour atteindre les objectifs fixés.

En vous concentrant sur les besoins de votre segment cible, vous serez probablement en mesure d'établir une stratégie de communication efficace. Vous vous souciez de vos objectifs, mais seulement dans la mesure où vous en tirez profit. Identifiez-vous donc à leurs besoins et communiquez vos objectifs dans des termes auxquels ils peuvent s'identifier.

Si vous accueillez favorablement les suggestions et encouragez vos employés à faire des commentaires, ils auront la possibilité de présenter leurs suggestions de manière constructive, mais cela permettra également de réprimer les rumeurs et de leur donner le sentiment d'être impliqués.

Lorsque vous recevez des commentaires ou des suggestions, réagissez positivement. Assurez à vos employés que leurs plaintes sont prises en compte et que des mesures positives seront prises.

Assurez-vous que leur message ne se perd pas dans un dédale de jargon et qu'il peut être compris par votre public cible.

LES JEUNES ENTREPRISES: CONSEILS ET ASTUCES DE RÉUSSITE

En bref, pour atteindre vos objectifs, vous devez communiquer clairement vos idées.

Gestion du temps pour les propriétaires d'entreprise

La gestion du temps est considérée comme l'art qui vous apprend les différentes techniques pour augmenter votre efficacité et mener à bien le travail à accomplir. Il est important de pouvoir contrôler et gérer son temps dans sa vie personnelle, mais dans le cas de son entreprise, c'est essentiel et nécessaire pour réussir.

Les programmes de gestion du temps aident les propriétaires de petites entreprises à gérer et à contrôler efficacement le temps grâce à l'utilisation de calendriers et de planificateurs électroniques. La "liste des choses à faire" s'est avérée être un outil efficace pour la gestion du temps. Cependant, la programmation des actions est également très longue, de sorte que l'utilisation de logiciels est une nécessité essentielle.

Le succès est le résultat de la planification de vos objectifs, ainsi que de votre temps, de la mise en œuvre de routines et de la planification des tâches. Les programmes de gestion du temps peuvent améliorer le flux de travail des employés et les activités de production en utilisant des rappels écrits ou électroniques ou des logiciels de "liste de choses à faire".

Il est impératif que les propriétaires de petites entreprises planifient, préparent, hiérarchisent et contrôlent leurs activités ainsi que celles des autres membres de l'équipe, et qu'ils fixent également des objectifs pour la réussite de l'entreprise.

LES JEUNES ENTREPRISES: CONSEILS ET ASTUCES DE RÉUSSITE

C'est vraiment une tâche facile une fois que vous avez le bon logiciel de gestion du temps. Nombre de ces programmes comprennent la planification des objectifs à court et à long terme, l'analyse des données, les prévisions futures et les graphiques de performance. Il s'agit de fonctionnalités qui ne sont pas disponibles dans le logiciel de base de la liste des tâches. Ne sous-estimez pas l'importance des logiciels de "liste de tâches" lorsque vous planifiez vos activités commerciales ou que vous fixez vos objectifs.

La gestion du temps est extrêmement importante pour une petite entreprise. C'est pourquoi il est courant aujourd'hui que des gourous de la gestion du temps donnent des conseils sur la manière de gérer son temps. Ils sont plus connus sous le nom de gestionnaires du temps, qui, après avoir lu votre plan d'entreprise, donnent la priorité aux activités des équipes au quotidien.

LES JEUNES ENTREPRISES: CONSEILS ET ASTUCES DE RÉUSSITE

À l'aide d'un logiciel de gestion du temps, ils peuvent fournir aux propriétaires d'entreprises des rapports détaillés sur les tendances de l'activité quotidienne, ce qui leur permet de rectifier les valeurs, les activités et les priorités.

Les gestionnaires de temps sont également le nom commun donné aux logiciels de gestion du temps et aux différentes solutions de gestion du temps disponibles sur le marché aujourd'hui pour les petites entreprises. Il s'agit de livres classiques en papier, de divers logiciels de listes de tâches, d'organisateurs, de rappels, de calendriers et de planificateurs, entre autres choses.x calendriers et aux planificateurs, entre autres.

Attributs de leadership pour la réussite commerciale

Les qualités de dirigeant ne sont pas quelque chose avec quoi on naît et doivent donc être acquises si vous êtes un aspirant entrepreneur. Les compétences peuvent être facilement acquises si l'on tient compte de certaines choses fondamentales qui sont nécessaires pour tout type de leadership, que ce soit dans le monde des affaires ou ailleurs. Le succès de toute entreprise dépend de l'efficacité du gestionnaire ou du propriétaire à instaurer une culture de travail saine et productive.

LES JEUNES ENTREPRISES: CONSEILS ET ASTUCES DE RÉUSSITE

Tout dirigeant doit avoir une vision du travail qu'il ou elle gère. Il est important d'avoir le bon type de vision, car c'est extrêmement crucial pour maintenir les différents aspects du travail ensemble. Une vision erronée non seulement conduira les employés à s'égarer, mais elle ruinera aussi l'ensemble de l'entreprise. Une vision claire vous aidera à démarrer et vous permettra de voir le travail avec succès.

Une vision est une chose pour laquelle toute l'entreprise travaille et continue jusqu'à ce qu'elle soit réalisée.

Un esprit d'entreprise efficace aidera le directeur et vos employés à faire de cette vision une réalité. Les idées et les opinions doivent être partagées de tous les points de vue. Chacun se sentirait ainsi intégré à l'ensemble de l'entreprise. Le directeur doit s'assurer que ses employés ne sont pas simplement des travailleurs qualifiés qui ne sont là que pour gagner de l'argent, mais qu'ils s'engagent à respecter la vision de l'entreprise.

Le directeur doit inspirer et motiver les employés à travailler pour atteindre un objectif commun. L'entreprise deviendrait alors un moyen d'atteindre ces objectifs. Cela ne signifie pas que l'accent doit être mis exclusivement sur les résultats et non sur le travail lui-même. Chaque mesure prise par les employés doit être soigneusement analysée et les employés doivent recevoir un retour d'information sur l'avancement des travaux.

Cela permettrait de garantir la qualité des experts ainsi que des résultats louables pour l'entreprise. Le responsable doit créer un environnement de travail sain qui donne aux employés l'espace et la liberté de penser librement et de faire preuve d'imagination pour accomplir leur travail. Un système de travail rigide aliénerait les employés les uns des autres et du dirigeant. Cela mettrait en péril l'ensemble du système et affecterait la vision de l'entreprise.

Tout type d'entreprise comprend le public cible, c'est-à-dire les clients de l'entreprise. Le dirigeant doit également se concentrer sur les clients, en obtenant des résultats qui touchent un public plus large.

 LES JEUNES ENTREPRISES: CONSEILS ET ASTUCES DE RÉUSSITE

Calculez vos coûts de départ

Les coûts de démarrage nous posent à tous des problèmes. Ils jouent un rôle essentiel dans l'obtention d'un tableau et la mesure de vos enjeux est donc très importante. Voici donc dix conseils utiles sur la manière d'estimer vos coûts de démarrage.

1. Tout d'abord, vous devez réfléchir soigneusement et inclure les coûts de tous les éléments dont vous avez besoin dans votre estimation des coûts de démarrage de l'entreprise. N'oubliez jamais que ce montant est différent du montant de base des coûts nécessaires à la survie de votre entreprise. En plus de cela, il y a d'autres choses qui ont besoin d'argent et qui comprennent les

enseignes, les chaises et les fournitures de bureau, l'inventaire, les caisses enregistreuses et les fournitures de service. Le coût initial doit également tenir compte de tout autre élément que vous pourriez avoir oublié.

2. N'acceptez pas de prêts bancaires, sauf en cas de nécessité absolue. Et même si vous vous assurez de pouvoir payer les intérêts que la banque vous facturera. Renseignez-vous également sur les taux d'intérêt, vous ne voulez pas qu'ils soient trop élevés.

3. Tenez compte des dépenses de votre ménage pendant la période où il est temps de démarrer votre entreprise. Assurez-vous d'avoir suffisamment de liquidités pour couvrir le montant ou les justificatifs d'identité pour acheter un prêt qui couvrira le montant.

4. Vous devez être en mesure de juger de la somme d'argent nécessaire pour que votre entreprise survive à sa première année. Vous devez également vous préparer à toute autre dépense sporadique qui pourrait survenir de temps en temps au cours de l'année.

5. Organisez-vous de manière à être prêt à faire face aux coûts supplémentaires qui peuvent survenir de manière intermittente au cours de l'année.

6. Tenez compte des dépenses alimentaires pour l'ensemble de l'année. Votre budget doit laisser suffisamment d'argent pour la nourriture et les autres dépenses de base. Cela vous protégera des risques pendant la première année d'activité.

7. Votre entreprise doit disposer des justificatifs d'identité qui lui permettront d'obtenir un prêt au cas où vous seriez à

court d'argent à un moment ou à un autre de l'année. Il est conseillé de n'obtenir un prêt que si vous pouvez générer suffisamment de ventes pour rembourser le prêt. Si votre entreprise ne se porte pas très bien au cours de la première année, vous pouvez la fermer.

8. Le salaire que vous devez verser à vos employés, c'est-à-dire si vous avez des employés, est une autre chose à prendre en considération. Cela inclut l'assurance commerciale, toute assurance maladie et, bien sûr, les paiements des travailleurs. Vous devez également payer un supplément à la ville pour tout employé à temps partiel ou à temps plein travaillant pour votre entreprise.

9. Selon la nature de l'entreprise que vous créez, vous devrez peut-être passer des examens pour obtenir la certification. Ces tests coûtent de l'argent. En outre, vous devez connaître toutes les autres règles ou

réglementations qui s'appliquent à votre type d'entreprise.

10. Vous pouvez toujours vendre quelques effets personnels pour obtenir de l'argent supplémentaire au cas où vous n'en auriez pas assez. Mais assurez-vous que votre entreprise offre une sécurité suffisante pour vendre ces articles. La dernière chose que vous voulez est de finir ruiné parce que vous avez perdu votre entreprise et aussi tous vos biens coûteux parce que vous les avez vendus pour avoir assez d'argent pour démarrer l'entreprise.

LES JEUNES ENTREPRISES: CONSEILS ET ASTUCES DE RÉUSSITE

Obtenir des fonds d'investissement pour votre entreprise

Les hommes et femmes d'affaires prospères qui souhaitent investir leur capital dans des entreprises en difficulté ou dans la création de franchises sont appelés Business Angels. En contrepartie de l'investissement, ils veulent généralement des dettes convertibles ou des capitaux propres. Afin d'obtenir un bon retour sur investissement, ils prévoient d'utiliser leur expertise pour transformer les entreprises en succès.

En raison de leur expérience, les Business Angels sont très prudents quant aux personnes dans lesquelles ils investissent.

LES JEUNES ENTREPRISES: CONSEILS ET ASTUCES DE RÉUSSITE

Leur plan d'action consiste à investir lorsque les actions sont bon marché, à travailler avec la société, à la constituer et à vendre la société mature après quelques années à d'autres courtiers ou au propriétaire initial.

Dragons Den est un programme populaire qui fait attendre les investisseurs pour qu'ils investissent dans une entreprise. En tant que propriétaire d'entreprise, il est important d'avoir un bon argumentaire de vente et de se préparer à l'avance. Il est utile d'avoir une stratégie commerciale claire. Les dragons sont généralement doués pour déterminer si le public et le marché cibles n'ont pas été correctement étudiés.

Pour impressionner les dragons, il est important d'avoir des projections de ventes précises - ils veulent des faits comme réponses à leurs questions, pas des mensonges. En général, ils n'investiront pas dans une entreprise à haut risque s'ils pensent que c'est possible. Ce sont des experts dans leur domaine, de sorte que leurs conseils sur les idées commerciales sont très précieux et doivent être pris en compte.

La confiance est très importante. La voix, la posture et l'attitude sont très révélatrices lorsqu'il s'agit de confiance, il est donc utile de couvrir ces domaines lorsqu'il s'agit de convaincre des investisseurs potentiels. Il faut se préparer aux questions : réfléchir à ce que les investisseurs pourraient demander est une bonne stratégie.

Les questions sur les profits potentiels et les revenus des entreprises sont naturelles, la clé est donc de penser différemment. Les domaines de l'entreprise qui la rendent unique et différente des autres doivent être mis en évidence afin d'éliminer la concurrence.

L'engagement est un autre facteur essentiel. Les business angels aiment voir des travailleurs engagés. Ils sont généralement impressionnés si l'entreprise comprend une partie des capitaux propres du nouvel arrivant. Cependant, si des milliers de livres ont déjà été investies dans l'entreprise et qu'elle ne gagne toujours pas d'argent, ils seront prudents.

Les business angels sont désormais très faciles à trouver, grâce à l'Internet. Il existe des centaines de sites consacrés à la recherche du bon investisseur pour une entreprise. Il existe également des groupes ou des réseaux d'anges. Il n'a donc jamais été aussi facile de créer une entreprise - investir est un jeu d'enfant !

Marquez votre entreprise

Il est très important de lier une marque identifiable à votre entreprise pour assurer son succès. Le terme "branding" est un conglomérat de nombreuses fonctions qui doivent être assumées pour assurer le succès de l'entreprise. La stratégie de marque permet de lancer des actions ultérieures dans divers domaines, tels que

1. Accroître la perception et la visibilité du nom et du logo de l'entreprise

2. La formulation d'un nom de société qui puisse immédiatement inspirer la foi du

LES JEUNES ENTREPRISES: CONSEILS ET ASTUCES DE RÉUSSITE

public.

3. Identifier et entretenir soigneusement le profil du consommateur potentiel.

La marque, y compris le nom et le logo de l'entreprise, n'est pas un actif tangible d'une société, contrairement aux actifs physiques tels que les ressources et les institutions, et n'est utile que pour accroître la notoriété de l'entreprise et accentuer sa réputation et son identité.

Une planification soigneuse et prudente doit être faite en matière d'image de marque, avant sa mise en œuvre pour maximiser les profits. Il faut s'assurer, avant d'entreprendre la stratégie de marque, d'identifier et d'isoler la base d'attrait des consommateurs par des incitations spécifiques et de comprendre leurs besoins.

Quelques étapes essentielles pour assurer et créer une marque réussie pour l'entreprise:

Cohérence dans la publicité: La publicité pour votre marque consiste à montrer et à souligner les points uniques de la marque qui font défaut aux concurrents. Ces points doivent être soulignés et annoncés de manière répétée, afin de créer une valeur de résilience au sein de votre clientèle. Le public doit absolument être rempli de ces publicités afin qu'il se souvienne régulièrement de ces marques.

Service à la clientèle: Les ressources humaines sont un ingrédient vital pour le succès de toute entreprise, c'est pourquoi il est essentiel de recruter correctement le personnel de vente. Ils doivent être assurés de leur position dans le processus de construction de la marque.

Chaque client doit être respecté et compris, et le fait de ne pas être attentif ou de ne pas prendre en considération ne serait-ce qu'un seul client peut entraîner des pertes massives pour l'entreprise. Le personnel peu coopératif devrait être licencié, car la réponse favorable d'un client contribue à attirer dix personnes de plus.

Perception du public: Le traitement d'un seul client peut se propager très rapidement par le bouche à oreille, et une publicité négative met votre entreprise en péril. Tout en faisant la promotion de votre marque, vous ne devez pas faire de promesses fausses et illégitimes. Le processus d'achat et de facturation sera simplifié pour assurer la commodité du client. Les engagements précédents doivent être respectés, ponctuellement, pour accroître la notoriété de la marque.

Utilisation des progrès technologiques: Il serait inapproprié de nier l'impact d'Internet sur la promotion et la commercialisation des entreprises. Les demandes des clients sur Internet doivent recevoir une réponse satisfaisante. L'entreprise doit également être régulièrement mise à jour et mise en œuvre avec des technologies avancées.

LES JEUNES ENTREPRISES: CONSEILS ET ASTUCES DE RÉUSSITE

NOUS VOUS SOUHAITONS DE NOMBREUX JEUNES ENTREPRENEURS À SUCCÈS!

Visitez notre site web! Obtenez d'autres livres de MENTES LIBRES!

https://www.amazon.fr/MENTES-LIBRES/e/B08274DDV4?ref_=dbs_p_ebk_r00_abau_000000

Si vous le souhaitez, vous pouvez laisser votre commentaire sur ce livre en cliquant sur le lien suivant afin que nous puissions continuer à nous développer! Merci beaucoup pour votre achat!

https://www.amazon.fr/dp/B089B5J8GN

www.ingramcontent.com/pod-product-compliance
Lightning Source LLC
Chambersburg PA
CBHW050253220526
45465CB00002B/669